Nadia Baha

**LACHHAFT**

Satire und Kabarett

2005, 2006, 2011 und 2015

**UMGETEXTETE SONGS**

**Am Mühlwasser der Justiz**

(Zur Musik von „By the rivers of Babylon" von Bonny M.)

Im schönen Kärntner Land wurde ich geboren,

Na so irgendwie, des is mir zu verworren.

Mei Mama sagt Karin und a mei Bruder

Aber einer nennt mi Boxenluder.

Die Leute sagen, das is net Recht,

I sag, I bin's eh ned in echt.

Frauen protestieren en masse,

I mein, des war ja nur a Spaß.

In'd neue Stadt, nach Wien, ham's mi gerufen –

Justiz? – I war immer in anderen Berufen.

Die Journalisten stellen immer Fragen.

I sag' eh immer: „Ich kann dazu nix sagen".

Aber sie lassen und lassen nicht locker,

dann muss ich mich immer in die Pressestunde hocker.

Übers Privatleben red' I ned gern,

über meins und neues Asylgesetz gibt es eh keins.

Weil mei Team und ich werden immer besser

Und in den Gefängnissen lauter nutzlose Esser.

Von Politik hab' i bis jetzt ned füh g'wusst,

  und scho gar ned von an G'setz.

Und i hoff', es fallt ned auf

Und I heiß Karin Miklausch.

**Bist du no da, mei Haider?**

**(Zur Musik von „Here without you" von Three Doors Down)**

Die Jahre an der Spitze ham da schon a bissl zugesetzt,

Aber wenn die Medien ned schreim über die (dich),

Dann bist a bissl leicht verletzt.

Dei Schwester Uschi tut so, als täts die F regiern,

Aber s'wissen eh alle, dass da andere intrigieren ...

Bist du no da, mei Haider?
Oda bist scho wieder weg?

Bist du no da, mei Haider?

Die Partei liegt in ihrem eignen blau-braunen Dreck.

Bist du no da, mei Haider?

Weil wir brauchaten dich sehr.

Na dann kumm i halt,

Aber diesmal mim Heimatluftschutzgewehr.


Auch die oiden Damen hast seinerzeit betört,

„Der Haider wäre wirklich eine Sünde wert".

Deine Bubalpartie schmiegt sich

Auch sehr nah an dich heran,

Weil es ja nur einen solchen Führer geben kann ...

Bist du no da, mei Haider?

Oda bist scho wieder weg?

Bist du no da, mei Haider?

Die Partei liegt in ihrem eignen blau-braunen Dreck.

Bist du no da, mei Haider?

Weil wir brauchaten dich sehr.

Na dann kumm i halt,

Aber diesmal mim Heimatluftschutzgewehr.

Aba des is vorbei,

Es wird vielleicht a Massenrausschmeißerei.

Außer du pickst as alle no amoi zam, die Hinnigen.

Jetzt weht a anderer Wind,

Der Kapitän heißt Strache Kind

Und mag „die Türken ned", oba die Säbel dafür umso mehr ...

Bist du scho weg, A. Mölzer?

I was, zur Zeit geht's grad ned gut.

Bist du scho weg, A. Mölzer?

Wir erinnern: Die Überfremdungsplakateflut.

Bist du scho weg, A. Mölzer?

Der Ewald weint da a Träne hinterher.

„So an Ideologen krieg' ma kanen mehr" ...

Seits schon weg, ihr Blauen?


Habts euch selbst Ent-Haupt-et und exekutiert.

Seits schon weg, ihr Blauen?

Dazu g'hört euch fast gratuliert.

Seits schon weg, ihr Blauen,

Na lang wird's nimma sein.

Außer da Haider fangt euch wieder ein.

Seits schon weg, ihr Blauen?

Habts euch selbst Ent-Haupt-et und exekutiert.

Seits schon weg, ihr Blauen?

Dazu g'hört euch fast gratuliert.

Seits schon weg ihr Blauen,

Na lang darf's nimma sein.

Außer da Haider zieht ins Parlament als Orange ein ...

**I kenn mi nimma aus**

**(Zur Musik von „Hit me baby one more time" von Britney Spears)**

I kenn mi nimma

I kenn mi nimma


I hab ka Ahnung von dem was I da tua,

Des liegt in meine Natur.

I was jetzt nur, a Homepage gibt's ned umsonst,

Was da ned alles finanzieren kannst.

Mei Leben, so was hat no nie gem.

KHGs-Leben, Stoff für die Soaps und Reality - TV ...


I kenn mi nimma, nimma aus (nimma),

Is des mit da Fiona wirklich raus? (wirklich raus)

I was nur, dass i a Feschak bin.

Da scheenste von Maledivien bis Wien.


I was ned wo die Milliarden is,

Um die is sicher a Mordsdrumgriss.

Das Nulldefizit war nur a Idee,

Sie kennen ja mein Einserschmäh.

So eben war i a bissl Göd abhem,

Der Hilfiger Vertrag ... die paar 1000 Euro am Tag ...


I kenn mi nimma, nimma aus (nimma),

Warum meiner Verlobten vor an Unfall ned graust (ned graust).

So schnell kann's gehen, hab i dazu g'sagt,

Und das schöne Auto hat's ned dapackt.


I was früher, mei, da war's so schön,

Jetzt hab' I Migräne wegam Fön.

Da waren da Haider und I no guat,

Jetzt lecken's drübm alle blaues Blut.

Deswegen bin i ja scho weg gwesen noch,

Bevor da Strache zur Sache kommen is ...


I flenn wie immer, wie immer wann Sie, (wann Sie)

Glauben es gibt an grasseren wie mi (wie mi).

I dank da Reisegruppe mim Fotoapparat,

So hatte News scho a Cover von mir parat.

I aber wimmer, wimmer sehr,

Warum bestraft uns die Steuer immer mehr.

Entlastung ist das Gegenteil,

Hat bitte wer ein Abschleppseil?

**FAST – REAL – SATIRE**

Wer will nicht mehr, wer hat noch nicht?

**H-Haider**

**W-Westenthaler**

**Sch-Schüssel**

**S-Strache**

**G-Gehrer**

**Gr-Grasser**

**S:** Sie sind die Polizei in den Straßen der Gesetzlossen, die wollen's auf uns loslossn. Wann wern Sie von Ihren vernagelten Ideen endlich loslossn? Sie Underground-Kenner, sie Joint-Dreher. Unsere anständige Jugend lernt das

Drehen an der Drehbank oder
in den Musikstunden für
teutsches Liedkut die
Drehorgel spielen, aber bei
Ihnen würten sie höchstens
die ganzen Sprachen ihrer
Muttersprachler lernen. Sie
Integrationsquacksalber,
Sie müsste man speziell
kennzeichnen: Mir zuhörren
kann Ihre Gehsundheit
gefährden.

**H** *(Wischt sich den Schweiß
von der Stirn):* Das kann
man bei dir aber getrost
auch sagen. Meine Güte,
bist du immer so handzahm?
Zähne zusammenbeißen,
Hctscherl!

**S**: Des is ned guat fürs
Zahnschmelz ...

Haha, Sie werden sich an Ihrer Multikultifantasterei noch ihren Zahnschmelztiegelnerv ziehen. Nämlich selbst. Und glauben Sie mir: Das tut wäh! Daher lieber gleich HC!

**H:** Aua, aua. Bitte. Jetzt sitzen wir schon drei Stunden und du hast immer noch keine bissfesten Argumente.

**S:** Aber reißfeste ... du, vom vielen Latschen und Stehen hab' ich schon Besenreiser. Wie heißt denn der Wunderwuzi, der alles wieder gut macht, der mim Gas?

**H:** Adol...

**S:** Na, ned da Adi, irgend so a Geburtsreicher, a Adeliger ... a Biername ...

**H:** Kaiser ... Karli I.

**S:** Na genau. Sowas, I hab' gar ned gewusst, dass der a Praxis hat ...

**H:** Bitte!!! Da war da Westi ja manchmal noch pflegeleichter.

**S:** Na, ka Wunder, der is ja aus Plüsch, den kannst in die Waschmaschine haun' und die Westn is wieder weiß, wsa ma vom Westenthaler net sagen kann. Ja und bellen tut er a ned. Was man vom Westenthaler ...

*(Entsetzt)* Was der eigentlich, dass du da bist?

**H***(lacht):* Bist ganz hirn,- oder was halt da in deinem Schädl is ... deppert! No na, na sicher!

**S:** Was?? Was sagt er denn?

**H:** Na nix! Er hat g'sagt, wannst die letzten Jahr, wie er dich von der HJ ... ich mein', von der RFJ ausg'schlossen hat, die ned verändert hast ...

**S:** Sicher nicht. Ich stähe zu meiner Gesinnung, wir sind keine Fahnenflüchtler. Wir haben sie auch am Wochenende. Hahaha!

**H:** Gut, er meint also, wenn du dich nicht verändert hast,da is eh wurscht, weil du bist so a Sautrottel, dass du eh ned verstehst wie intell ...

**S:** Intellent.

**H:** Intellektuell er is.

**S:** Ach so.

**H:** Auf Deutsch: A Sautrottel bist, hat er g'sagt.

**H:** Hat er g'sagt.

**S:** Hat er g'sagt.

**S:** Und was hast du g'sagt?

**H:** I hab' gsagt: Auf Deutsch: A Sautrottel bist, hat er g'sagt ...

**S:** Also weiter. Ich kann mir dein Coaching eh bald nimmer leisten. 100 Euro pro Stunde und dann noch 10x hintereinander die Internationale singen, zur Buße, das hält doch kein Mensch aus ...

**H:** Das muss ich mir wenigstens ned anhören, mir reichts, wenn da Westi „Ole,ole,ole,ole, ole Ausländer g'hern raus!" schreit. Der glaubt, er is noch beim Stronach.

**S:** Na wieso, des mit die Ausländer, des passt eh.

Kennt von mir sein. Na, I tät sagen ... alle und die anderen 30% a no ...

**H:** Na eh, mi steart ja des ole,ole,ole so! Samma in Spanien?

**S:** Eben ... Hear ma mit Spanien auf ... Da kennen die Männer und die Frauen heiraten.

**H:** Hctscherl *(schaut mitleidsvoll)*, das können sie da auch.

**S:** Na,aber ned untereinander. ... Sowas ... und scheiden lassen können sie sich a no ... a ich will gar ned davon reden. Ned amal daran denken. Mein trautes Heim ... chen am Herd hat das Geschirrtuch geworfen und mir Feuer unterm Hintern gemacht.

Sie hat g'sagt, 20% oder sie geht.

**H:** Ha! Und dann hast nur 15% g'schafft?!

**S:** Na, I hab ihr keine 20% g'ebn!

**H:** Wie g'ebn?

**S:** Na Haushaltsgeld. Na entschuldige, 2000 Euro werden wohl reichen.

**H:** Naja, viel is ned im Monat ... Einmal Brusthaarharzen ...

**S:** Harz IV is eh billig ...

**H:** Kostet ja schon ...

**S:** Na Brusthaarharzn, das hat's eh ned braucht.

**H:** Stimmt.

**S:** Die Weiba. Nix im Hirn, aber die Goschn aufreißn.

**H:** Passt eh zu dir.

**S:** Was war das?

**H:** Nix.

**S:** Da schau her, die neuen Pressefotos ... Bin I ned fesch?!

**H:** Ja. Strache ist süß!

**S:** Ma, liab.

**H** *(Kommt immer näher an Strache heran und näher und näher und näher ...)*

**S:** Was ist denn? Wie in alten Zeiten?

**H:** HC, auf der Nosn hast a Wimmerl!

**S:** Aua!

**H:** Jetzt nimma. I bin halt immer schneller und hab' an richtigen Drücker.

Auweh, I hab heit meine Pulver ned g'nommen.

**S:** Na, dann nimms halt

jetzt.

**H:** Geht nicht. Ich hab's ned mit. I sog im Westi, er soll herkomma und die Pulverl mitnehmen.

**S:** Nur über meinen braunen Schatten.

**H:** Ja und über den Friedhof von Gehirnzellen der Communitysten, das sich Gehirn schimpft.

**S:** Was ist ein Communityst?

**H:** Weiß nicht.

**S:** Gut, das Wort mag ich nicht. Klingt wie ... Fidel Castro.

Der Westi darf mich hier nicht sehen. Der fürchtet eh meinen Säbel, da bin ich mir sicher. Kennst scho mein neuestes Lied?

**H:** Hallelujah!

**S:** Na, des is ned von mir.

**H:** Den Rap ... Hör zu ... Wir ham ja den Wettbewerb, da kann die Jugend mitschreiben.

**S:** I mach da a mit.

**H:** Du?

**S:** Man ist so alt,wie man ...

**H:** Jaja ...

**S:** Hör zu ...

**H:** Verdammt, die Ohropax habe ich auch nicht mit.

**S** *(rappt):*

I bin's der HC,

I hab in Einserschmäh.

Meine Augen san stahlblau,

Mi wön viele vom Bau.

Sie leuchten wie zwei Sterne,

Die Rechten ham mi gerne.

I grins von die Plakate,

Trink große Braune, niemals Caffee Latte.

I wü die braune Masse erreichen,

den Ausländern s'Kindergeld streichen.

Meine Partei macht mehr als nur Geschwätz,

Wir ham erst Spaß bei der Ausländerhetz.

I red, wie's ma passt.

Egal ob mi da OGH hasst.

Die Türken, Jugos und Chinesen,

Sind eh scho zu lang bei uns g'wesen.

Die Neger, Araber und Zigeiner,

Hau i in den Fleischwolf eina.

Wir sagen „Daham statt Islam"

Und unsere Schlägerbuam haun die Ausländer zam.

I bin da HC,

I hab den Überschmäh.

I schrei und brüll wie a Irrer,

I anderen Parteien werden immer wirrer.

Die wollen Homo-Ehe, Uni, Drogen,

die sind so was von verlogen.

I,i sag die Warhheit,

wie die jeda hörn kann.

Wir sind die soziale Heimatpartei

Und legen der Demokratie ein Ei.

I bin da HC,

wählt's mi eh?!

**H** *(nimmt die Finger wieder aus den Ohren):* Jo, also ...

**S:** Sag nix, des is a Wahnsinnsnummer ...

**H:** Mir wird auf einmal so schwindlig ...

*(Fällt um.)*

**S:** Na Flack-Brack. Der schläft jetzt ...

**Im Schlaf**

**Sch** *(Klatscht in die Hände):* Wann darf ich wieder mit deinem Porsche fahren?

**H:** Bald. Dann heißt es: Der Wolf, der mit dem Porsche fährt.

**G:** Griaß enk!

**Sch:** Servas, Liesl. Was macht is Stricken ... äh, ich meine, wie geht es im Ministerium?!

**G:** Wo geht's im um ... is a Umzug ...

**Sch:** I hab gmeint, wie geht's im Job.

**G:** No dancke. I kann mi nit beklagen.

Die Unis verwalten sich selbst und geben das Geld aus, das wir ihnen nicht geben und die Schulen, na was soll ich sagen, da kürz ma eh fleißig. Das 1x1 der Bildungspolitik, des kann ich.

**Sch:** Wennst schon weiter nichts kannst ... also ich wollt sagen, wenn's weiter nix is.

**G:** Wo geht wer um?

**Sch:** Ministerium ...

**G:** Ah, da geht ein Minister um. Des is aber unheimlich. So wie es der Willfried g'macht hat, Alarmanlage aus. Kana heart nix, niemand sieht nix und das Salzfassl, weg ist's aufamal.

**Sch**: Ja Liesl, is da aber scho klar, dass das echt war?

**G**: Geh was, das war echt?! I hab ma denkt,da Willfried hat sich das ausdenkt. Wir kennen uns scho so lange, I hab ma denkt, der hat des entwickelt, na dings, wie heißt denn das, ... erfunden! Er war ja immer schon so ein innovativer Standort, also ein Standpunkt ... also zum Geburtstag hat er mir amal Noten für an Marsch geschenkt. Damit ich allen den Marsch blasen kann auf meiner Blockflöte. Das nenne ich einen kreativen Menschen. Des is a, der Willfried.

**Sch**: Kommst mit auf a Spritztour mim Jörg?!

**G:** Ja sicher. Mit an feschen Mann fahrrad i bis ans Ende der Welt.

**Sch:** Aber I fürcht, er ned mit dir.

**G:** Ah was, ich hob den Meinigen, der is mi eh schon g'wohnt.

**Sch:** Wenn ich ...

**H:** Waaahhh ...

**S:** Na geh, hast schlecht geträumt? Vom BZÖ … I sag immer, es is die Besoffenen Zentrale Österreich, dabei seid ihr ned amal blau! Hahaha!

**W** kommt herein. Träg ein orangefarbenes T-Shirt, auf dem 30 Pro Zähnt steht.

Strache macht sich schnell aus dem Staub.

**W:** Schau, I hab g'wusst, da

find ich dich. Na, wie gefällt's da?

**H:** Was?

**W:** Das Leiberl. Druckfrisch ...

**H:** Warum ist das so komisch geschrieben?

**W:** Na ja, das sind noch die alten Zahnarzt -T-shirts aus den 1980ern, wo wir und unsere Partei no jung und knackig waren. Na ja, hab i ma dachte, da 30 lass ich draufdrucken und na ja Prozähnt und Prozent, das passt doch auch ... Wir müssen ja sparen...

**H:** Jaja, die gute alte Zeit. Da gab es noch keine schwarzen Löcher, in die man fallen konnte. Da wurde man gebraucht.

**W:** Apropos schwarzes Loch.

Wo ist eigentlich der KHG?

**H:** Du meinst King Of Hutblumen Grasser?

**W:** Was für Hutblumen? Er is ja ka Hippie!

**H:** Na die Oide, die glitzernde Hutblume, sei Fiona.

**W:** Unser Grasser-Glitter, ka Wunder,dass er immer an Jet Lag hat. Bei dem Jet Set.

**H:** Wo ist er eigentlich?

**W:** Ka Ahnung...

**H:** Eine Stimme sagt mir ...

**W:** Ned scho wieder ...

**H:** Karibik...

**Szenenwechsel**

Grasser in enganliegender Badehose, neckisch in blau-weiß, sehr dezent, denn privat soll ja privat bleiben ... am Strand.

**G:** Ah, supi, pipifein is da wieder. Da Flöttl hat ma echt an heißn Tipp gem. Da hat er sich die 100.000 echt verdient. Na und wie die da die Foto g'macht ham von mein Sweet Baby und mir! Mei Mama hat ja immer g'sagt: „KHG", hat's g'sagt ... Na, also damals hat's g'sagt: „Karli-Heinzi, bist so a schena Bua, solltest Modell werden". Na, I hob' erna ja gleich zuzwinkert und wie di dann so schnell mim Fotografieren aufhört ham, das war ja a Frechheit, da hab i dann so blöd umanandredet von ana Privatsphäre geschwafelt. Es is eh alles fürn Hugo Boss. Wenn ana so schene Haxn hat wie i, was brauchst a Privatsphäre! Na mei, die Fiona, mei Brüllerbraut, mei Kristallkatzerl, mei Diamantendoll, sie geht ma so ab, aba sie muss ihre neiche Kollektion vorstellen, aber in a paar Tag is wieder da!

*(Sein Blackberry läutet, er liest und wird durch die Sonnenbräune blaß.)*

**G:** Na, der Flöttl hat auspackt!! Hat wohl no nie was von Privatsphäre gehört. Na woart, i schreib da gleich zruck.

Sicherheitshalber auf Englisch, er soll's ja verstehen!


Flöttl, du dogianer! What do you think you are? I can say you what you are! You are a pig, you are a korrupt banker. I thought we were friends but now me nothing you nothing you say, you met me two times a little bit. Why do you lie? Don't you want to say it? Don't you remember our long evenings by the pool, we drinking, our ladies swimming? The inspiring talks about investing in der Karibik? Fiona would have loved to have a tiny 100m²-Appartment, you know that. Why don't you tell them? You have lost everything already! I say you, if you tell the media that we met a few times playing golf, me wearing white trousers (Prada), a blue Pullover (Armani) and passende Sunglasses (Dior) and winning, you will be out of the tailor!

What do you say now, old sportsfriend? Haha!

Say me yes or no!


Sweet karibische dreams


Your Haberer KHG

Nach drei Stunden, die er mit Schreiben der Nachricht verbracht hat, setzt er noch die Zahl "3" in seine Überstundentabelle und lässt sich dann erschöpft in den Liegestuhl fallen, um seinen Luxuskörper zu bräunen ...

**Wieder in Wien**

**H:** Simma schon da?

**W:** Wo?

**H:** Na, bei der 4%-Marke!

**W:** Du hast schon wieder geträumt ...

**Kritik**

- Der revolutionäre Körper geht dem revolutionären Geist vor. Die Gesellschaft befindet sich in permanentem Übergang von Revolution zu Revolution. Es gibt kein Zurück, nur nach Vor, immer nach Vorn.

- Spulst du wieder deine eingelesenen Phrasen ab. Wer sagt das denn wieder? Trotzky? Che? Wen gibt es denn da noch auf den T-Shirts ... Der alte Charly? Wer ist es diesmal! Wen zitieren wir jetzt!

- Geh, halt doch den Mund!

Du kapiert sowieso gar nichts von dem, was ich dir sage. Du ... ach, lass mich einfach, Ok. Das ist nix für dich. Du nimmst viel zu viel einfach hin ... Was interessiert dich das überhaupt ...
  *(murmelt)* Ist übrigens von mir.

- Von dir?! Echt! Nicht übel. Nicht schlecht. Klingt aber so, als hätte ich es schon wo gehört.

- Na super! Was willst du mir jetzt damit sagen. Dass ich keine Ideen habe, das alles schon da war oder dass du dich doch damit beschäftigst?

– Zu Punkt eins und Punkt zwei möchte ich anmerken, ja und zu Punkt drei ist zu sagen, wenn du mir Tag und Nacht deine Parolen und Flyer vorliest und ich weder blind noch taub bin, ist wohl auch dem letzten Punkt zuzustimmen.

– Wie schön. Da kann ich ja gleich aufhören damit und in einen Schweigeorden eintreten, da kann mich wenigsten niemand niedermachen, denn da darf ja niemand sprechen!

Du?! Hahaha! Du würdest es da nie aushalten!

Nicht einen Tag! Sie aber auch nicht mit dir!

- Wieso nicht!? Ich wäre einer von ihnen.
- Aha ...? Schau dich doch einmal an?
- Was hast du gegen mich?
- Geh bitte, stell dich nicht so blöd! Ich hab eh nix gegen dich, sonst wäre ich wohl kaum da, aber die im Kloster würde einmal ...
- Was?
- Tief Luftholen und dann ein Gegrüßet seist du Maria gen Himmel schicken?

- Maria? Dann lieber Der
  Heiland ist da? Oder
  so? Keine Ahnung.
  Wieso weißt denn du
  das so gut.

- Irgend so ein Autor hat
  irgend so was
  geschrieben.

- Danke für die
  detaillierte Info.
  Also wieso keine
  Schweigeorden?

- Hallo!? Bunte Haare,
  Piercings, Lederjacke,
  zerissene Jeans,
  Buttons und dann die
  Einstellung.

- Ja, das sage ich ja im
  ersten Satz. Ein
  revolutionärer
  Körper ...

– Eben. Das wäre wohl ein Schock für die.

– Das soll ja so sein. Aber Gott liebt doch seine Kinder.

– Geh bitte, hör doch mit dem katholischen Gesülze auf. Brrr. Widerlich. Seit wann hast du denn was mit Gott am Hut?!

– Ich hab eh nichts mit ihm am Hut. Aber er mit mir, sagen sie doch immer. Das ist doch immer ihr Statement. Ist doch alles ein Spaß, glaubst du wirklich, ich würde ... Hahaha. *(Es schüttelt ihn vor Lachen.)*

– Hahaha. Mir fällt gerade ein, mich würden sie wohl auch absonderlich finden.

– Jaaaa. Das glaube ich auch. Glockenhosen, im 21. Jahrhundert, Glockenhosen, Dreads, Blümchenhemden und vor allem diese grellbunten selbstgestrickten Westen ...

– Selbstgestrickt? Hä?

– Na ja, schaut so aus. Aber die würdest nicht einmal du anziehen.

– Danke. Man sollte alles einmal versuchen.

– Das wissen wir von dir.

– Genau das ist es. Das wissen wir von dir. Das kannst du nicht

von mir wissen, das
kannst du nur von dir
wissen. Ich kann
nichts für dich
wissen. Du kannst nur
für dich selbst
wissen.

- Hmmm, da spinnt wieder
  einmal jemand ...

- Was ...

- Lass mich doch ausreden
  ...

- ... seine
  philosophischen
  Fäden ...

- Gerade noch die Kurve
  gekratzt ... Stimmt.
  Was dagegen?!

- Na, gar nicht, aber ich
  ätze dann nicht
  gleich, sondern lass
  dich eben reden.

- Ja, weil ich das auch vielleicht ein mal in der Woche mach ...

- Dann ist eine Woche bei dir wohl extrem kürzer als bei mir ...

- ... während du, wenn du dann einmal munter bist, von nichts anderem redest. Redest!

- Und? Regelmäßiges Aufstehen ist reaktionär und somit Ausdruck der Akzeptanz der bürgerlichen Gesellschaft, die nur an Leistung interessiert ist und den Wert des Menschen nur an dieser erbrachten Leistung misst.

- Bravo. Das erkläre

einmal, wenn du eine Stunde zu spät ins Seminar kommst.

– Habe ich ja gemacht.

– Wirklich? Respekt.

–Er hat gesagt, *(steht auf und nimmt einen nasalen Tonfall an)*: Wenn das so ist, Herr Kollege, brauchen Sie auch in die restlichen Stunden nicht zu kommen, ich will schließlich Ihr Recht auf freie Meinungsäußerung nicht untergraben.

– Hihi. Er ist zwar gemein,aber Humor hat er, das muss man ihm lassen.

–Habe ich mir auch gedacht. Da wäre ich

dann fast gerne
geblieben.

–Hmm ...

- Dann bin ich halt in den Proberaum ... die ersten zwei Songs sind schon fertig.

–Wow, super! Zeig amal her!

- Nein, nein, noch nicht. Später.

Du sagst immer, das Leben nicht versäumen. Jetzt, gleich und nicht irgendwann.

- Das ist was anderes.

- Nein, ist es nicht. Es reicht eben nicht, verdammt, es reicht eben nicht, wenn du dir einen Peace Button ansteckst, dir diese

Schuhe anziehst ...

- Oder Blumen auf die Hose zeichnest ...

- Du musst auch was tun!

- Das sagst du mir?! Wer rennt herum, verteilt Flyer und schreibt Songs!?

- Na und wer hat deine Songs schon gehört. Du ... im Proberaum!

- Aber die Flyer haben sie gelesen, die Leute. Das wird schon noch.

- Du glaubst also immer noch an die Revolution!

- Ja, sicher! Du nicht??

- Doch, doch! Natürlich! Ich mal halt und schreib Texte.

– Na, davon merken die Leute aber auch viel, wenn du deine Texte nie vorliest! Du willst ja nicht, dass ich sie verteile. Dabei sind sie sicher der politische und poetische Wahnsinn. Und deine Bilder sind so bunt und sozialkritisch, dass es schon weh tut.

– Das soll es auch. Ach, hör auf, hör auf, du machst mich verlegen ...

– Sei nicht dumm, wie lange kennen wir uns schon, zehn Jahre, was soll ich dich da verlegen machen.

– Was? Zehn Jahre, help, wir werden alt ...

−Blödsinn, wir nicht. Wir werden nur reicher an Erfahrung und Einsicht in die Situation der Welt.

– Wenn ich das nicht täte, an die Revolution glauben, hätte ich mich schon aus dieser Welt befördert. Wie der ...

– *(Stille)* Ja ...

– *(Seufzt)* Und die ...

– *(Pause)* Ja ...

−Weißt du was? Weißt du, was wir jetzt machen?

−Was machen wir denn? Komm, ich nehm ein paar Texte und ein paar Bilder.

– *(Aufgeregt)* Und ich, ich nehm, nehm die

Flyer und die Gitarre
   mit.

- Wohin gehen wir?

-Irgendwohin!

- Und was machen wir
  dort?

- (Schauen sich an.
  Beide.) REVOLUTION!

**August ist in**

*In der Mitte der Bühne steht ein schäbig gekleideter Mann. Neben ihm auf dem Boden ein Stapel Augustin-Zeitungen. Der Mann hält eine der Zeitungen in der Hand. Links von ihm steht eine angedeutete Tür (Türrahmen) mit der Aufschrift „Herren". Rechts von ihm baumelt das Schild „Schottentor" von der Decke.*

*Oberhalb des Mannes hängt eine Leinwand, worauf ein prunkvolles Wohnzimmer mit nobler Sitzgarnitur projiziert ist. Auf einem Tischchen steht ein Teeservice, daneben leckerer Kuchen.*

*Durch den Spiegel im Wohnzimmer sieht man den guten Kuchen doppelt.*

*Eine Mutter geht mit ihrer Tochter an der Hand. Die Mutter hält einen Regenschirm, die Tochter einen Luftballon.*

Augustinverkäufer: Augustin! Augustin! Augustin, bitteschön!

*Tochter reißt sich von der Mutter los.*

Mutter: Lena-Maria, hiergeblieben! Du bist heute schrecklich ungezogen.

*Tochter läuft auf den Augustinverkäufer zu, der weiterhin „Augustin! Augustin!" ruft.*

Tochter zum Augustinverkäufer: Da! Halten!

*Die Tochter gibt dem Augustinverkäufer den Luftballon und reißt ihm die Zeitung aus der Hand.*

Tochter: Augustin! Augustin! Augustin, bitteschön!

*Augustinverkäufer steht stumm mit dem Luftballon da.*

*Mutter starrt beide an.*

*Kunst oder Wurst*

**Neulich im Wurstsaloon**

Der Wurstfinger-Cowboy: A Haaße, bitte!

Salooninger: Mit oder ohne Kunst?

Der Wurstfinger-Cowboy: Na mit, eh kloa! Ohne Kunst is ma alles wurscht. Wurst macht das Leben süß.

Salooninger: Und ich bin Vegetarier ...

Der Wurstfinger-Cowboy: Selber schuld. Na ja, nimmst es eh locker. Manche kunstrasen dabei vor Wut.

Salooninger: I bin nicht manche ... Haha, Kunstrasen! Muss man den auch mähen?

Der Wurstfinger-Cowboy: S' kommt drauf an, was du willst. Wennst an zugeschnittenen grünen Plastikteppich hast, dann ned. Aber wennst an echten Kunstrasen wüllst, dann ...

Salooninger: Hab' schon verstanden. Mehr Kunst, mehr Arbeit.

Der Wurstfinger-Cowboy: Ja, fragt sich nur für wen.

Salooninger: Eben. Na, dann geh' ich einmal die Wurst holen.

Der Wurstfinger-Cowboy: Gut, geh' um die Wurst. Es geht um die Wurst.

Plötzlich stürmt ein Mann in den Wurstsaloon. Sein schwarzer wallender Umhang flattert bedrohlich. In jeder Hand hält er eine Weißwurst. Ein Raunen geht durch den Saloon.

Der Wurstfinger-Cowboy: Das ist er.

Salooninger: Ja, das ist er. Der Fürst der Weißwürste.

Der Fürst der Weißwürste *(Beißt von der einen Weißwurst ab. Kauend)*: Her mit der Marie!

Marie fällt in Ohnmacht.

Ein Mann (Schreit): Halt! Stop! Die ganze Szene nochmals! Du isst die Weißwurst mit viel zu viel Verachtung. Das muss noch glaubhafter werden.

Der Fürst der Weißwürste: Ich esse schon drei Tage lang Weißwürste. Nichts als Weißwürste.

Kann mir nicht jemand
einmal stattdessen Kunst
geben?

Ein Mann: Au ja, Kunst!

Er beißt in eine Weißwurst.


**Venus, Mars und Bounty –
Quartett zu Dritt**

- **Venus – auch V, die
  Abgöttische, die
  Ebenbildliche, die
  Vielsagende und
  Wenigschweigende**

- **Mars – auch der
  friedliche Krieger,
  der Wohlschmeckende,
  der Geschmackvolle und
  Witzereißer**

∅ **Bounty – auch
Summerfeeling,
Meuterei auf der,
Palmenstrand und Meer,
Entspannung**

**V**- Ich habe heute so ein seidenglattes Gefühl. Yeah, I'm feeling good!

**M**- An die Arbeit, V für Venus. Du bist heute schon wieder abgöttisch faul.

**V**- Göttliche Beine müssen ruhen und andere die Arbeit tun.

**B**- Klingt nach Bauernkalender. Mars, du scheinst aber auch nicht viel in der Gegend herumzukurven.

Du bist so braun gebrannt.

**M**- Naja, Bounty, das mag schon stimmen, aber schau dich mal an. Bist du weiß?

**B**- Außen braun, innen weiß. Ich bin so viel im underground unterwegs, dass ich nur außen braun bin. Aber innen bin ich noch weiß und fasrig. Gestern noch auf der Palme, heute schon appetitlich angerichtet und zu Süßem verarbeitet.

**V**- Warst du auf der Werbeakademie? Süß! Na ja, heute können die Bräunungscremes schon viel ausrichten.

**B**- Für dich hätte ich auch was: Männer sind vom Mars, Frauen von der Venus. What can I say about that?

**M**- Waaahhh. Was ist denn das für ein Unsinn?

**B**- Es nennt sich Bestseller.

**V**- Aha. Danke, ich möchte es nicht kosten.

**M**- Mars ist besser. Um Geschmacksgalaxien besser.

**V**- Klingt schon wieder nach Werbefachschule. Nur diesmal besser.

**B**- Wo ist eigentlich das Quartett?

**V**,**M**- Hier.

**M**,**V**,**B**- Aha, das Quartett ist hier. Das Quartett sind wir.

**M**- Und der Planet bin ich. Good bye, Pluto. Ein Schokoriegel namens "Pluto" hört sich ja dooof an. Pluto ist dooof. Und er sabbert.

**B**- Ruhe jetzt, ich brauche meinen Schönheitsschlaf.

**M**- Den brauchst du wirklich.

**B**- Charmant wie immer.

**M**- Ich weiß.

**V**- Wir haben genug zu tun. Ich muss sofort gehen. Bin schon am Milky Way. Locker leicht, alles easy.

**M**- Der Gang des Geistes durch die Zeit. Lucinda smells of roses even in the morning.

**V**- Wer ist Lucinda? So eine Plastikpuppe, die halbverhungert durch die Gegend wankt? Eat or die!

**B**- Aber esst nicht Bounty, sonst muss Bounty sterben.

Rettet die Bountys, esst mehr Mars!

**M**- Untersteht euch. Ich bin der Krieger der reichhaltigen Schokoladecreme!

**V**- Ist doch ein guter Grund. Eat the rich!

**B**- Paris ist in Wien!

**V**- Warst du in der Schule auch schon am Palmenstrand? Paris ist nicht in Wien, Paris ist in Frankreich.

**M**- Ich fürchte, du meinst die lebendige Plastikpuppe, die halbverhungert durch die Gegend wankt. Eat the rich!

**B**- Danke nein, ich ersticke nicht gerne an Knochen. Mit Mars kann das nicht passieren.

**M**– Untersteh dich. So gut schmecke ich gar nicht.

**V**– Wirklich nicht ... Sicher nicht ...

**M**– Oh, natürlich, für dich schon, aber für die zweibeinigen Riesen da draußen schmecke ich eigentlich gar nicht so super, wie wirkliche Schokolade schmeckt. Auch meine Creme ist nicht so toll. Irgendwie künstlich.

**B**– Bist eben künstlerisch veranlagt ...

**V**– Was ist rot/schwarz, lässt Haare, holt Abtrünnige heim und hat einen harten Kern?

**M,B**– Hmmm, gib uns doch einen Hinweis, bitte.

**V**– Es hat Monate gedauert, dann war es so weit.

**M,B**– Redest du von einer Geburt?

**V**– Ja, aber von einer schweren, politischen.

**M,B**– Keine Ahnung.

**V**– Ihr habt ja keine Ahnung. Es ist natürlich die Kopfnuss der österreichischen Politik. Schwer zu knacken.

**M,B**– Dem muss man einen Müsliriegel vorschieben.

**V**– Ja, damit es besonders abschreckend ist. Eat the Politiker und Innen.

**M**– Esst egal was. Nur nicht Mars.

**B**– Oder Bounty. Aber was ist, wenn es doch einmal passiert?

**M**– Was passiert?

**B**– Wenn doch einmal so eine Hand ausfährt und nach dir oder mir grabscht, uns aus unserer Hülle schält und dann genüsslich verschlingt?

**M**– Hör auf, mir wird schlecht. Wenn das Große Fressen beginnt ...

**B**– ... ist das große Magendrücken nicht weit. Chain Saw Massacre ist dagegen ein Romantikfilm.

**M**– Etwas arbeitet gegen uns.

**B**– Was ist es?

**M**– Sie nennen es Zeit.

**B**– Hmmm. Zeit, das ist das?

**M**– Wenn sie mich nicht fragen, weiß ich es. Wenn sie mich fragen, weiß ich es nicht.

Ich kenne nur das Wort
„Ablaufdatum."

**V**- So was hab ich nicht
wirklich. Ich bin zeitlos,
klassisch.

**B**- Ich weiß nicht. Ich
erinnere mich nicht an ein
Ablaufdatum, nicht an mein
Ablaufdatum. Mein
kollektives Gedächtnis
spielt mir einen Streich.
Ich weiß nur, dass es auf
der Schablone stand, aber
ich selbst kann mein
Ablaufdatum nicht sehen.

**M**- Zum Glück! Ich will das
gar nicht. Und wenn wir uns
einfach nicht schnappen
lassen? Dann kann uns
nichts geschehen. Ich kenne
da einen schönen Ort.

**M**- Bist du schon mal dort
gewesen, an diesem schönen
Ort?

**V**– Wahrscheinlich nicht, Reisebanause. Glaubt, Mars ist das Zentrum des Universums.

**B**– Und wenn es doch einmal passiert?

**M**– Und was passiert dann, was passiert dann?

**B**– Keine Ahnung.

**V**– Zurückgekommen ist noch keiner.

**M**– Wir machen uns einfach aus dem Sternenstaub. Komm, schnell!

**B**– Nicht so schnell. Bountys haben kurze Beinchen ...

**M,B**– Hiiilllfffeee, ein Kooonnnsssuuummmeeennnttt!!

**Talkshowzusammenfassung**

Da prallen die Gegensätze
aufeinander.

    a) Er betrügt mich –
    das betrübt mich.
    b) Er betrügt mich –
    das vergnügt mich.


**Eine Nasenlänge voraus**

Parfummel nicht so an mir
rum .
Ich kann dich nicht
riechen.


**Goethes Faust für Junkies**

Was schnopperst du Pudel?
Den Geist aus der Flasche.

**Bauern,- und Bäuerinnenkalender**

O holde Maid, ihr irret
hier.
Geh' Oide, hol' ma no a
Bier.

**Schwarzes Lochness Monster**

Mein Magen ist ein
schwarzes Loch.
A Mehlspeis, die geht immer
noch!

**Gebrannte Mandel ...**

Scheut das Feuer.

**Abhörprotokoll 2.0**

**KHG** – Karl Heinz Grasser

**M** – Walter Meischberger

**SCH** – Wolfgang Schüssel

**F** – Fiona Grasser Swarowski

**X** – Der große Unbekannte


**KHG** – Hallo? Hallo?

**M** – Hello? I just came to say hello!

**KHG** – Meischi? Was ist los mit dir?

**M** – I can English!

**KHG** – Das hört man! Was wird das? Handy-Karaoke?

**M** – Na, meine Tocher hört dieses Lied, jeden Tag, 20 Mal!

**KHG** – Das kenn ich.

Meine Frau hört dieses Lied auch, jeden Tag, mindestens 10 Mal!

**M** - Kein Beileid.

**KHG** - Danke. Aber jetzt im Ernst. Why do you ruf me an?

**M** - Hä?

**KHG** - Was willst du?

**M** - Ah ja. Da ist noch was wegen der BAWAG.

**KHG** - BAWAG? Wieso, ist doch eh alles in der Karibik. Karibik is supa, supa, pipifein.

**M** - Ah geh, BUWOG wollt ich sagen, ich bring schon alles durcheinander.

**KHG** - BUWOG? Wieso, ist doch eh alles in der Karibik. Karibik is supa, supa, pipifein.

**M** – Jetzt hör doch einmal auf und loss mi ausreden. Sie haben's vergessen.

**KHG** – Was?

**M** – Des Klo ... es tut mir furschtbar leid ...

**KHG** – Bitte?

**M** *(druckst herum)* – Na ja,also deine Fiona, also deine Frau wollte doch, dass wir die übrigen paar Tausender sinnvoll und sozial investieren und hat doch angeordnet, für Crystal Blue, so a liabs Viachal, ein beheizbares Hundeklo zu bauen ...

**KHG** – Was?! Das ist immer noch nicht fertig?! In der halben Villa stinkt es von Zimmerflucht 53-71 zum Himmel. Wozu bezalt man die Leute denn?!

**M** – Äh, du hast sie ja gar

nicht bezahlt.Es stand ja nirgends in der Abrechnung und na ja,dann haben sie vergessen und ...

**KHG** – Wie kann man denn auf so etwas vergessen! Das ist eine bodenlose Sauerei. An sowas muss man sich doch erinnern …

**M** – Aproposch erinnern: Was war eigentlich dei Gegenleistung?

**KHG** – Na, was glaubst du denn. Weisst du, was die wollten?

**M** – Du wirst es mir gleich sagen.

**KHG** – Die wollten, das regt mich immer noch so auf, die wollten ein Autogramm und ein Foto ...

**M** – Das ist aber eh ... naja, recht bescheiden ...

**KHG** – Ein Foto und ein Autogramm! Von meiner Frau!

**M** – Oh ...

**KHG** – Nicht von mir! Was bilden die sich eigentlich ein? Wozu bezahlt man sie denn?

**M** – Aber du hast sie ja nicht ...

**KHG** – Jetzt sei nicht so kleinlich. Ich sollte sie auf Schmerzensgeld klagen, dann kann ich die restlichen Steuern nachzahlen. Ich bin ja ein braver Bürger.

**M**– Wosch? Die lossn di beinhart nachzahlen? Sie sind aber kleinlich. Die paar Tausender.

**KHG** – Ich habe nix zu verbergen und meine Weste ist weiss, sie hat nur ein paar Spritzer von dieser ewigen Schmutzkübelkampagne abgekommen.

**M** – Dann muscht sie halt schnell ausziehen und waschen lassen, die Weste, dann isch sie wieder rein.

**KHG** – Die wollen eh schon mein letztes Hemd. Na ja, kann ich verstehen, höchste Schneiderkunst mit echter Edelbaumwolle, deren Baumwollstammbaum man bis ins alte Ägypten nachverfolgen kann. Schon die Urururururururgroßmutter dieser Edelbaumwolle war im alten Ägypten eine echte Edelbaumwolle und wurde für die Pharaonen verwebt.

Kein Wunder, dass die mein letztes Hemd wollen. Von mir aus, ich habe noch 200 solche im Kasten hängen.

**M** - Sowas, KHG, du entdeckst deine soziale Ader.

**KHG** – Langsam, langsam. Das Hemd, ok, aber die Weste behalte ich an – sonst bin ich ja supernackert. Dieses verdammte Hundeklo ... Ich glaub, ich brauch einen Schluck. Wart kurz!

***KGH** geht zur Hausbar und nimmt eine Flache und ein Glas heraus.*

**M** – Na, dann hol ich mir auch ein kühles Helles. Proscht, KHG!

**KHG** – Salute, Meischi! So und wie soll ich das der Fiona sagen?

Und Crystal Blue, die wird mir was bellen!

**M** – Ja bitte, der ... äh ... Hund wird sich schon nicht verkühlen, es hat ja soundso 15 Grad im Schatten.

**KHG** – Du versteht es nicht. Wie soll sie denn die 298 Stufen vom dritten Stock der Villa in den Garten laufen. Das ist doch eine Weltreise. Sie hat doch so dünne Beine ...

**M** – Dafür aber umso größere Augen. Dass sie die überhaupt ertragen kann.

**KHG** – Die Fiona?!

**M** – Nein, der ... äh die ... äh ... Hündin. Na ja, es tut mir ja leid, ich ...

**KHG** – Mein iPhone läutet. Moment!

**F** – Karl-Heinz! Wo ist sie?

**KHG** – Fiona, Darling! What a surprise. A nice surprise!

**F** – Was ist los?

**KHG** – Yes, I can English!

**F** - Bei Fuss, Karl-Heinz! Sie ist weg!

**KHG** – Wer? Die Schwiegermama? Gott sei dank, die Geldkoffer waren eh so schwer,ich hab schon fast Blasen auf meinen Luxushänden g'habt. Aber schade, dass es dann jetzt keinen Seidenpyjama mehr zu Weihnachten gibt.

**F** – Wovon redest du? Mutter geht es 1A.

Sie packt schon wieder ihre Koffer.

**KHG** – Bitte nicht ...

**F** – Weil sie morgen früh auf die Luxusranch von Urgroßonkel Theodor nach Texas fliegt. In der Economyclass.

**KHG** *(wird kreidebleich)* – Was?! Wieso in der Economy-Class? Was ist passiert?

**F** – Versteh sie doch Karl-Heinz, Mutter wird jetzt bald 77, sie wollte endlich einmal wissen, wie es ist, wenn man im Flugzeug nicht weiß, wohin man seine Beine schlingen soll und wenn man gnadenhalber dünnen Kaffee und schales Mineralwasser in Pappbechern serviert bekommt. Du weißt doch, Mutter liebt das Abenteuer.

**KHG** – Ja,das weiß ich. Ich brauch trotzdem einen Schluck.

**F** - Du trinkst? Am hellichten Tag? Ich werde ich doch nicht zu den androgynen Alkoholikern bringen müssen?

**KHG** – Geh bitte. Trinkst du etwa nicht?

**F** - Doch aber nur Wasser aus dem Himalaya mit Goldplättchen, mindestens 50 Karat, und Gurkenwasser von Gurken, die unser Familiengärtner beim Namen kennt.

**KHG** *(Trinkt)* – Salud.

**F** - Lenk nicht ab. Sie ist weg.

**KHG** – Ja, wer zum Henker?

**F** *(schluchzt)* – Crystal Blue! Hätte man mich abgetrieben, wär mir das erspart geblieben.

**KHG** – Hör auf mit der Weinerei, das ist doch normalerweise meine Sache. Wann hast du sie zum letzten Mal gesehen?

**F** – Vor einer Stunde. Ich kam gerade von der Präsentation meines ersten Kochbuchs nach Hause ...

**KHG** – Du kochst?!

**F**- Nein, ich habe nur ein Kochbuch geschrieben, es war ein voller Erfolg. Die Models lieben es.

**KHG** – Seit wann essen Models?

**F**- Seit sie mein Kochbuch gelesen haben. Ich koche auch nur mit Wasser.

Ja und dann war Crystal Blue verschwunden. Karl—Heinz, mach was!

**KHG** – Immer ich. Na ja,keep kühl, sie wird schon wiederkommen. Ich muss jetzt weitermachen.

**F** – Ich geh jetzt frustschoppen. Ciao aus Milano.

**KHG** – Tschau mit au. Heilige Kreditkarte.

**M** – Karl-Heinz? Ich habe in der Zwischenzeit drei Überbrückungskredite verkauft und zwei Lobbyisten im EU-Parlament zur Durchsetzung ihrer Ziele verholfen! Herrschaftszeiten, telefoniert ihr immer so lang?

**KHG** – Ein Notfall. Heute ist kein guter Tag. Und er hätte auch nicht mit einem Nulldefizit besser begonnen, ich bin ja nicht mehr Finanzminister. Hast du gerade gesagt, du hast zwei Lobbyisten im EU-Parlament zur Durchsetzung ihrer Ziele verholfen?

**M** – Sicha.

**KHG** *(vorsichtig)* – Die waren aber nicht von einer Zeitung?! Von einer Britischen?!

**M** – Hahaha, na so blöd wie der Grasser, tschuldige, Strasser, bin i nit. Zu dumm ist der, 100 000 wollte er, das hätte ihm spätestens da niemand mehr geglaubt. Unter 500 000 wähle ich mich nicht einmal ins WLAN ein.

**KHG** – Richtig.

**M** - Na,es waren Peanuts.

**KHG** – Bitte?

**M** – Na ja, einer von der Firma Kellogs, der wollte durchsetzen, dass ab jetzt im EU-Parlament Erdnussautomaten aufgestellt werden, damit die Parlamentarier in den Pausen was zu knabbern haben.

**KHG** – Hmmm, Erdnüsse. Schlecht für die Linie, gut für ...den Moment.

**M** – Die zweite hatte die Idee, den Genuss der salzigen Erdnüsse zu nützen und den vermehrten Durst ab sofort immer und überall stillen zu können. So soll ab jetzt neben jeder Fraktion im Parlament ein Coca Cola-Automat stehen.

Schnell, bequem unkompliziert. Außerdem putscht Cola auf, dann schlafen sie wenigstens nicht immer ein.

**KHG** – Na, einen Putsch brauchen wir nicht. Aber wenn die Reichen, Intelligenten und Schönen eine eigene Partei gründen würden, wär ich sofort dabei.

**M** - Dich würden sie sofort zum Parteichef machen.

**KHG** – Und?

**M** – Ein voller Erfolg. Einstimmig angenommen.

**KHG** – Gratuliere.

**KHG** – Sie ist weg. Crystal Blue. Fiona ist verzweifelt. Ich muss sie finden.

Her mit Google Earth.

**M –** Na, so ein Glück ... ich meine ... Pech. Mit Google Earth findest du sie sicher,da erkennt man ja auch, ob du ein graues Haar bekommen hast oder nicht.

**KHG** – Mal den Teufel nicht an die Wand.

**M** – Haha. Deine Sorgen möchte ich haben. Ich kann dich beruhigen.Überfahren hat sie sicher niemand. Dazu ist sie einfach zu klein.

**KHG** – Da, das muss sie sein ... Ach nein, das ist eine Ratte ... Verdammt. Weg mit Google Earth.

*KHGs Handy läutet.*

**KHG** – Sorry, Meischi. Hier Grasser, wer dort?

**SCH** – Hier Wolfi.

**KHG** – Wolfi wer? Mozart, Ambros ...

**SCH** – Schüssel!

**KHG** – Die Rückkehr des Zombies. Altes Haus, was machen die Geschäfte?

**SCH** – Da fragst du noch. Die elendigen Japaner auf ihrer unsäglichen Insel bringen mich noch um meine Karriere. Fukoschima ist mein Ende!

**KHG** – Und Fukoschima ist auch das Ende von Fukoschima auch. Da kann man die nächsten Generationen Grasser nimma hinfahren. Schade eigentlich. Na ja. Die Welt ist groß und fast so schön wie ich.

**SCH** – Was soll ich denn jetzt machen? Wenn der Ökostromboom so weitergeht, kann ich meinen Posten in der Atomlobby zwangsläufig an den Nagel hängen und muss vielleicht Sonnenblumen pflanzen. Wie schaut denn das aus?

**KHG** – Hüte in der frischen Luft nicht vergessen, sonst bekommst du noch mehr Falten. Gott sei Dank habe ich die Videofunktion abgedreht.

**SCH** – Charmant wie immer. Na ja ich wollt nur fragen …...

**KHG** – Ich habe gewusst, du rufst nicht nur an um to say hello.

**SCH** – Wie? Na ich dachte mir, vielleicht kannst du ein gutes Wort einlegen.

So nach dem Motto:
Atomstrom – verleiht Ihnen mehr Ausstrahlung. Du hast schon in Klagenfurt Autos verkauft, du schaffst das auch mit dem Atomstrom.

**KHG** – Nein du, Fiona und ich haben schon so viel Ausstrahlung, da wird jeder Castortransporter grün vor Neid. Tschüss mit Üss.

**SCH** – Aber ...

**KHG** – Den wären wir los.

*Das Telefon läutet.*

**KHG** – Ich bin gefragt wie nie.

**KHG** – Hallo. Hallo?

**X** – 12235345. 123643643.

**KHG** – Wer ist da?

**X** – 22355433. 994444.

**KHG** – Wer sind Sie?

**X** – Der große Unbekannte hat wieder zugeschlagen. Ist hier 9933384?

**KHG** – Nein, hier ist ...

**X**- Oh, Entschuldigung. Falsch verbunden.

**Abfalldatum**

In letzter Zeit verlasse
ich kaum mehr das Haus,
obwohl die Wiesen
zwitschern und die Vöglein
grün sind. Oder so ähnlich.
Trotz des nahenden Sommers
und der steigenden
Temperaturen beschäftige
ich mich vermehrt mit dem
kühlsten Ort meiner
Wohnung: Dem Kühlschrank,
genauer gesagt mit den ihm
innewohnenden Produkten,
noch genauer gesagt dem
unliebsamen
Kleingedruckten.
Das Kleingedruckte: von
Menschen ignoriert und
gemieden, von JuristInnen
erfunden und geliebt. Es
macht sich unter Verträgen,
offiziellen Dokumenten und
auf Joghurtbechern
gleichermaßen ungut.

Doch egal wo es aufhältig ist, ein Nichtbeachten dieses Kleingedruckten könnte schwerwiegende Folgen haben ... oder etwa doch nicht?

Ich habe es mir also seit einiger Zeit zum Sport gemacht, ok, zumindest zum Denksport, zumindest was das Kleingedruckte auf Lebensmitteln betrifft, der Sache auf den bedenklichen Grund zu gehen.

Da ich ein strukturierter Mensch bin, wurden zunächst alle Lebensmittel nach Haltbarkeitsdatum in den Kühlschrank geordnet. Jene, die früher mit den Innenwänden meines Magens Bekanntschaft machen würden, vorne, die, denen diese Verheißung erst später zuteil werden würde, weiter hinten.

In der ersten Phase dieses Experiments versuchte ich, mich peinlich genau an das Haltbarkeitsdatum zu halten, weil aber oft die absonderlichsten Produkte just am selben Tag ihr Leben aushauchen würden - so zumindest die prophetischen Zahlen, bisweilen sogar mit der genauen Uhrzeit!
Nostradamus war eben nie in einer Lebensmittelfabrik - musste ich Kombinationen essen, für die vielleicht der eine oder die andere Haubenkoch bzw. Haubenköchin anerkennend seine oder ihre Haube gezogen hätte.

Ein typisches Menü sah dann z.B. so aus:

Toastbrot mit Marmelade und Chipssplittern
Joghurteintopf mit Tofuwürstel und Basilikumpesto
Chutney auf Bitterschokolade an getrockneten Apfelspalten

Fazit dieser ersten Phase: Permanentes Magendrücken und Wahnvorstellungen von unverzehrten, abgelaufenen Lebensmitteln, die sich gegen mich verschworen haben und mir drohen, mir in ihrem nächsten Leben singend oder rappend meine sämtlichen Verbrechen gegen die Lebensmittelwesenheit vorzuwerfen. Die sangesfreudigen Lebensmittel schlugen als möglichen Bandname „Save the Date" oder „Die Miserable" (wohl klar, wer damit gemeint war) vor, während die RapperInnen unter den Nahrungsmitteln sich lieber „Eat, we die" oder „Wasteland" nennen wollten. Mir wurde schon von der Idee allein übel.

So konnte es also nicht weitergehen und daher musste die zweite Phase her. In dieser Phase besann ich mich eines neuen Trends, des Mülltauchens. Während wagemutige Menschen im Schutz der Nacht aufbrechen, um noch gute Lebensmittel vor der Tonne zu retten oder aus ebensolcher zu befreien, ersonn ich, Angsthase, eine andere, weniger risikoreiche Methode, um mich selbst als Heldin der LMBFF

(=Lebensmittelbefreiungsfront) feiern zu können.

So wartet ich geduldig, bis ein Lebensmittel nach dem anderen das Ablaufdatum erreicht hatte und warf es dann mit der Zielgenauigkeit eines von Schüttelfrost geplagten Basketballspielers gepaart mit der coolen Eleganz einer Läuferin nach dem Marathon in mein regionales Mülltönnchen daheim. Als ich die kleine Tonne gefüllt hatte, trank ich drei Flaschen Bio-Cola, um in der Nacht wach zu bleiben.

Kurz nach Mitternacht löschte ich in der Wohnung alle Lichter, schnappte mir die vorher vorbereitete Taschenlampe ... und bemerkte, dass ich vergessen hatte, die

Taschenlampe in die Sonne zu legen. Solarenergie hieß das Zauberwort! Doch die Solarenergie ließ sich leider nicht herbeizaubern und so blieb es in der Wohnung stockdunkel. Es war so dunkel, dass ich nicht einmal die Lichtschalter sehen konnte und ... nein, nur nicht klein beigeben. Ich tastete mich langsam, aber unsicher Richtung Küche und mir wurde klar, dass ich eindeutig eine Lichtgestalt war, so ungeschickt, wie ich durch die dunkle Wohnung stolperte. Wie viele Möbel in einer Wohnung unnötig herumstehen, merkt man erst, wenn man dagegen donnert ... Irgendwie schaffte ich es in die Küche.

Dort zog ich schnell einen kompostierbaren „Plastiksack" aus der Hosentasche und schüttete den gesamten Inhalt meiner kleinen Tonne hinein. Diesen Sack hievte ich mir über die Schulter und versuchte so schnell ich konnte, ins Vorzimmer zu flüchten. Auf meinem Weg dorthin hörte ich einen Knall. Ich hatte eine Vase vom Wohnzimmertisch gefegt. Für die LMBFF muss man Opfer bringen. Die drei Flaschen Bio-Cola hatten ihre Wirkung nur bedingt getan und so wurde ich von einer plötzlichen Müdigkeit überfallen, dass ich auf der Stelle auf dem Vorzimmerboden einschlief. Die Taschenlampe mit Solarzellen hielt ich fest umklammert.

Am nächsten Morgen hatte ich einen Hang-over vom Mülltauchen, vielleicht hätte ich doch die Taucherbrille nehmen sollen? Egal. Vorbei.

Phase drei wurde eingeläutet.

Von einer Rückführung inspiriert, dachte ich an meine Kindheit. Wie ist man damals mit Lebensmitteln umgegangen? Da gab es ein paar goldene Regeln.

- Ist ein Lebensmittel abgelaufen, öffne zuerst die Verpackung.
- Rieche an dem Produkt.
- Koste ein bißchen.
- Dann entscheide, ob du es noch essen kannst oder nicht.

Wenn der Schimmel schon auf der Oberfläche in Richtung Mammut-Wolle wuchert oder praktisch schon Zumba tanzt - Finger weg!
Das gilt ebenfalls für alle Produkte, die ihren Aggregatzustand schon verändert haben. Sie muss man loslassen können, sie sind schon in einer anderen Welt.

Wie bei allem Kleingedruckten gilt auch hier: Hirn einschalten, sagt der Hausverstand.
Am Besten schon beim Kauf, weniger einkaufen, dann bleibt mehr Zeit für die zwitschernden Wiesen.

**NOTIZZETTEL TO GO**

Herstellung und Verlag:
BoD - Books on Demand, Norderstedt
ISBN 978-3-7392-2756-6